1902. Décembre 19

VENTE

Des 19 et 20 Décembre 1902

HOTEL DROUOT, SALLE N° 6

à deux heures 1/4

OBJETS D'ART

ET DE

RICHE AMEUBLEMENT

De Style Louis XIV, Louis XV et Louis XVI

MEUBLES ANCIENS

TABLEAUX, MARBRES, BRONZES

TAPISSERIES DU XVIIIe SIÈCLE

Important Meuble de Salon en ancienne tapisserie

TAPIS DE LA SAVONNERIE

Me LAIR-DUBREUIL, commissaire-priseur

M. A. BLOCHE, expert

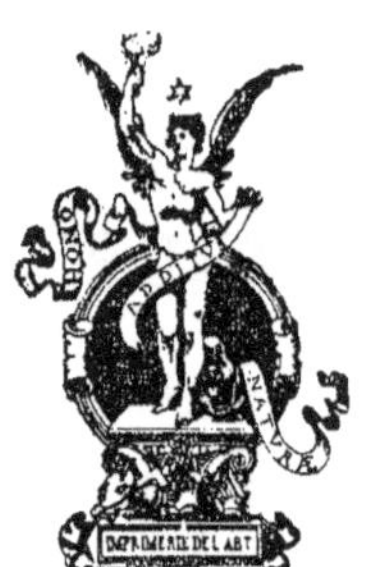

CATALOGUE

DES

OBJETS D'ART

ET DE

RICHE AMEUBLEMENT

DE STYLE LOUIS XIV, LOUIS XV ET LOUIS XVI

Sortant en grande partie des ateliers de : JANSEN, ZWIENER, TARDIF, MERLIN et KRIEGER

MEUBLES ANCIENS ET EN BOIS SCULPTÉ

BEL AMEUBLEMENT DE CABINET DE TOILETTE

DE STYLE CHINOIS

MEUBLES DE L'EXTRÊME-ORIENT

SIÈGES

BRONZES D'ART ET D'AMEUBLEMENT

Fers forgés

ARMES EUROPÉENNES ET ORIENTALES

TABLEAUX MODERNES

AQUARELLES — DESSINS — GRAVURES

MARBRES, PORCELAINES, FAIENCES, OBJETS DE VITRINE

BELLES TAPISSERIES DU XVIIIe SIÈCLE

Important Meuble de Salon en Tapisserie d'Aubusson

D'ÉPOQUE LOUIS XVI

Magnifique Tapis de la Savonnerie

TAPIS D'ORIENT — TENTURES

DONT LA VENTE, AUX ENCHÈRES PUBLIQUES, AURA LIEU

HOTEL DROUOT, SALLE N° 6

Les Vendredi 19 et Samedi 20 Décembre 1902

à deux heures 1/4

COMMISSAIRE-PRISEUR

Me LAIR-DUBREUIL

6, rue de Hanovre, 6

EXPERT

M. ARTHUR BLOCHE

28, rue de Châteaudun, 28

Chez lesquels se distribue le Catalogue

EXPOSITION PUBLIQUE

Le Jeudi 18 Décembre 1902, de 2 heures à 6 heures

CONDITIONS DE LA VENTE

Elle sera faite au comptant.

Les acquéreurs paieront *dix pour cent* en sus des prix d'adjudication.

L'exposition mettant le public à même de se rendre compte de l'état et de la nature des objets, il ne sera admis aucune réclamation une fois l'adjudication prononcée.

Paris. — Imp. de l'Art, E. Moreau et Cie, 41, rue de la Victoire.

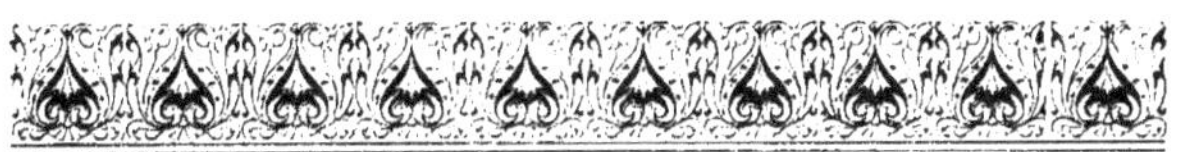

DÉSIGNATION

TABLEAUX
AQUARELLES, PASTELS
DESSINS, GRAVURES

BACHEREAU (V.)

1 — *L'Atelier des Modistes.*

Bois. Haut., 45 cent.; larg., 59 cent.

BAUDRY (PAUL)

(?)

2 — *Étude de Femme nue endormie.*

Toile. Haut., 52 cent.; larg., 80 cent.

BEAUFEU

3 — *Arlequine.*

Toile. Haut., 80 cent.; larg., 63 cent.

BERGERON (H.)

4 — *Paysage; les Meules.*

Toile. Haut., 36 cent.; larg., 58 cent.

BLUM (Maurice)

5 — *Le Renseignement.*

Bois. Haut., 21 cent.; larg., 15 cent.

BOUDIER (E.)

6 — *Route en forêt; paysage animé de figures et d'animaux.*

Toile. Haut., 37 cent.; larg., 54 cent.

BRISPOT

7 — *Les Fortes Têtes du village.*

Dessin rehaussé.

Haut., 32 cent.; larg., 52 cent.

BROWN (John-Lewis)

8 — *Le Départ pour la chasse.*

9 — *Le Saut de l'obstacle.*

Deux pendants.

Toiles. Haut., 60 cent.; larg., 19 cent.

CARRIER-BELLEUSE (P.)

10 — *Jeune Femme se coiffant devant une glace.*

Pastel.

Haut., 70 cent.; larg., 49 cent.

CAUCHOIS (H.)

11 — *Nature morte.*

Melon, pêches, fleurs et orfèvrerie.

Toile. Haut., 65 cent.; larg., 75 cent.

CAYRON (JULES)

12 — *La Promenade en canot.*

Toile. Haut., 44 cent.; larg., 59 cent.

CERUTI (C.-D.) (D'après VAN DYCK)

13 — *Trois Enfants et un chien.*

Cadre italien en bois doré et sculpté à jour.

COROT

(?)

14 — *Paysage; bord de rivière.*

Panneau décoratif.
Signé à droite.

Toile. Haut., 73 cent.; larg., 58 cent.

COROT (Attribué à C.)

15 — *Cheval, Dindons, Vaches et Fourragère.*

Étude.

Toile. Haut., 25 cent.; larg., 48 cent.

COURBET (Attribué à G.)

16 — *Une bonne bouteille.*

Toile signée du monogramme *G. C.*

Haut., 49 cent.; larg., 35 cent.

DREUX (A. DE)

17 — *Cavalier sur une route en forêt.*

Toile. Haut., 40 cent.; larg., 31 cent.

ÉCOLE FRANÇAISE

18 — *Paysage avec monuments au bord de la mer.*

Bois. Haut., 43 cent.; larg., 34 cent.

ÉCOLE ITALIENNE

19 — *Femmes juives recueillant la manne dans le désert,*

Bois. Haut., 65 cent.; larg., 47 cent.

ÉCOLE DU XVIIIe SIÈCLE

20 — *Sotnias de Cosaques en marche.*

Importante gouache.

Haut., 48 cent.; larg., 78 cent.

FRAPA (José)

21 — *Les Cerises.*

Bois. Haut., 37 cent.; larg., 28 cent.

GROS (Attribué au baron)

22 — *Portrait d'homme en costume noir et cravate blanche; fond de paysage.*

Toile. Haut., 70 cent.; larg., 59 cent.

GUY (Louis)

23 — *Perdrix rappelant ses petits.*

Bois. Haut., 22 cent.; larg., 35 cent.

24 — *Canards poursuivis par un chien.*

Bois. Haut., 22 cent.; larg., 36 cent.

HAWKINS (WELDEN)

25 — *Paysage ; les Pommiers.*

Aquarelle.

Haut., 25 cent. ; larg., 35 cent.

HELLER (E.)

26 — *Le Bon Cigare.*

Aquarelle.

Haut., 28 cent. ; larg., 24 cent.

27 — *La Lecture du Journal.*

Aquarelle.

Haut., 30 cent. ; larg., 22 cent.

HELLEU

28 — *Quatre Têtes de Femmes.*

Dessin à la sanguine.

Haut., 32 cent. ; larg., 40 cent.

LAPOSTOLET

29 — *Le Vieux Port.*

Toile. Haut., 1 m. 15 cent. ; larg., 1 m. 45 cent.

PAIL (E.)

30 — *Vallée de l'Yonne à Combre.*

Toile. Haut., 70 cent. ; larg., 1 mètre.

PICARD

31 — *Oriental fumant sa cigarette.*

Peinture sur porcelaine.

Haut., 28 cent. ; larg., 43 cent.

RIEDER (M.)

32 — *La Veillée.*

Bois. Haut., 44 cent.; larg., 53 cent.

ROYBET (F.)

33 — *Scène d'ensevelissement.*

Composition de nombreux personnages.

Toile. Haut., 1 m. 12 cent.; larg., 1 m. 38 cent.

SERGENT

34 — *Épisode de la Campagne de Chine.*

Dessin à la plume.

Haut., 23 cent.; larg., 30 cent.

TAPISSIER (EDMOND)

35 — *La Visite.*

Groupe de jeunes femmes dans un paysage.

Toile. Haut., 58 cent.; larg., 90 cent.

TEJERO (A. RODRIGUEZ)

36 — *La Smala.*

Aquarelle.

Haut., 37 cent.; larg., 94 cent.

VALETTE (RENÉ)

37 — *Chiens courants. — Meute au repos.*

Aquarelles.
Deux pendants.

Haut., 25 cent.; larg., 35 cent.

VERNON (PAUL)

38 — *Paysage; les Laveuses.*

Bois. Haut., 20 cent.; larg., 25 cent.

VOLLON (ANTOINE)

39 — *Nature morte; poissons.*

Signé à gauche.

Toile. Haut., 87 cent.; larg., 1 m. 44 cent.

39 *bis* — Huit gravures diverses encadrées. (Sera divisé.)

BRONZES, CUIVRES, FERS

40 — Caravaniez. *Jeanne d'Arc et Bayard.* Deux statuettes en bronze argenté. Édition de *Barbedienne.*

41 — Mène (J.-P.). *Le Fauconnier,* statuette équestre en bronze. Édition de *Barbedienne.*

42 — Seyssey (A.). *Éléphant,* en bronze argenté. Édition de *Susse.*

43 — Paire de candélabres formés par des vases en bronze ciselé et doré, décorés en relief de prêtresses offrant des sacrifices; anses à figures de dauphins; surmontés de bouquets à huit lumières reliées par des guirlandes de feuillages en bronze doré. Socles en marbre rouge garnis de bronze. Édition de *Barbedienne.* Disposés pour l'électricité.

44 — Paire de vases en marbre rouge veiné, monture en bronze doré, culots feuillagés; anses à cariatides d'enfants; surmontés d'un bouquet de six lumières électriques formée par des rinceaux en bronze doré. Style Louis XV.

45 — Vase en bronze argenté, dit vase aux Cigognes du Trésor de Boscoréale, près Pompéï. Sur socle en marbre vert de mer.

46 — Garniture de cheminée, en marbre rose et bronze ciselé et doré, de style Louis XVI, composée d'une pendule, en forme de socle en marbre, avec cadran à draperies et rubans, frise à entrelacs en bronze, supportant une statuette d'amour, en marbre blanc, par *H. Moreau*, et de deux candélabres, forme vases, surmontés de quatre lumières.

47 — Paire de candélabres, à sept lumières, en marbre vert et bronze doré, en forme de trépieds enguirlandés de pampres reliés à des têtes de satyres. Style Louis XVI.

48 — Paire d'appliques, en bronze doré, à six lumières électriques. Style Louis XIV.

49 — Pendule en marbre bleu turquin et bronze doré. Époque fin XVIIIe siècle.

50 — Garniture de cheminée en bronze ciselé et doré, d'époque premier Empire, composée d'une pendule et deux candélabres.

51 — Paire d'appliques, en bronze doré, d'époque Louis XVI.

52 — Paire de chenets formés par deux chiens de Fô, en bronze chinois. Sur socles, de même style, en bronze doré.

53 — Deux lustres en fer forgé, à quatre lumières électriques, disposées en forme de croix.

54 — Horloge, de forme monumentale, en fer forgé et découpé, sur quatre pieds à têtes chimériques. Style XVe siècle.

55 — Paire de grandes jardinières en cuivre patiné et martelé, à anses mobiles, avec supports-trépieds en fer forgé.

56 — Grande coupe, en bronze, posant sur une colonne à chapiteau; socle orné de médaillons en marbres de différentes couleurs, supportant des statuettes allégoriques aux éléments.

57 — Groupe de trois petits enfants musiciens, en bronze, patine brune. Sur socle en marbre rouge.

58 — Paire d'appliques, formées chacune par un grand rinceau en fer à ornements de bronze doré, supportant une lanterne en cristal montée en bronze doré.

59 — Paire de candélabres, à cinq lumières, en fer forgé.

60 — Lustre en bronze, à quatre bougies et quatre lumières électriques.

61 — Paire de chenets en bronze doré, à figures d'enfants allégoriques aux Sciences, sur des rocailles. Style Louis XV.

62 — Petit lustre-suspension, formant jardinière, en bronze cloisonné, à six bougies et six lumières électriques.

63 — Coupe en bronze, sur quatre pieds à griffes, offrant au centre un médaillon à figures de lutteurs.

64 — Paire de jardinières ovales en bronze doré, dessin à godrons et rosaces ; anses mobiles à mufles de lions.

65 — Garniture de cheminée composée d'une pendule en marbre jaune de Sienne à figure de femme allégorique en bronze, et deux candélabres.

66 — Paire de consoles d'applique en fer forgé ; dessus en bois.

67 — Applique à quatre lumières en fer forgé, disposée pour l'électricité.

68 — Paire de chenets en bronze poli ; dessin à palmes et ornements.

69 — Baromètre anéroïde, dans une cage forme petit monument, en fer forgé.

70 — Lustre en bronze à trois lumières électriques.

71 — Petit lustre en bronze à quatre lumières.

72 — Pendule forme obus.

73 — Deux lustres en bronze pour bougies et électricité.

74 — Paire de chenêts en bronze doré à figures de Chinois sur des rocailles et porte-pelle et pincettes avec accessoires. Style Louis XV.

75 — Suspension en bronze.

76 — Grand vase à couvercle en cuivre patiné, parties dorées ; ornements à trophées guerriers : anses mobiles, posant sur un plateau de forme circulaire.

77 — Grand vase sur piédouche en cuivre argenté et gravé. Travail oriental.

78 — Vase en étain décoré d'une chimère en relief.

79 — Main en bronze.

80 — Petit plat rond en étain, décor en relief de style XVIe siècle.

MARBRES, PORCELAINES

OBJETS DIVERS

81 — Beau Buste de Mme de Clermont, grandeur nature, marbre blanc. Style Louis XV.

82 — Deux colonnes en marbre onyx, ornées de bronze doré.

83 — Deux petits bustes d'enfants en marbre blanc.

84 — Groupe en marbre blanc : le Dessinateur.

85 — Colonne en marbre vert serpentin.

86 — Deux coupes sur piédouches en onyx. Montures en bronze cloisonné ; anses à mascarons. Travail de *Barbedienne*.

87 — Colonne cylindrique en marbre, fleur de pêcher, à chapiteau en bronze doré ; base en marbre vert de mer, à couronne, et moulure en bronze doré.

88 — Colonne cannelée, à plateau tournant, en marbre noir sur base carrée, posant sur quatre pieds en bronze doré.

89 — Groupe en biscuit patiné : la Déclaration.

90 — Paire de grandes potiches en faïence de Delft, à côtes ; décor en bleu à fleurs.

91 — Beau groupe en porcelaine : le Petit Souper.

92 — Sept figurines en porcelaine : Junon, Minerve, Diane, Amphitrite, Vénus, Cérès et Apollon.

93 — Petit groupe de deux figures en porcelaine : l'Offrande à l'Amour.

94 — Groupe en porcelaine : la Déclaration.

95 — Deux statuettes de danseur et danseuse Louis XV en porcelaine.

96 — Deux statuettes de gentilhomme et de bouquetière en porcelaine.

97 — Statuette de jeune garçon en porcelaine.

98 — Statuette de marchand de coco en porcelaine.

99 — Petit buste d'homme drapé en biscuit.

100 — Paire de vases en porcelaine blanche et or, à réserves de paysages.

101 — Deux écrans à main, feuilles en soie peinte, par *Th. Merlin*, représentant, l'une : Scaramouche et la Soubrette dans un parc ; l'autre : Le Baiser dérobé.

102 — Étui en or ciselé. Époque Louis XVI.

103 — Paire de ciseaux et dé à coudre en or ciselé. Époque Louis XVI.

104 — Miniature : portrait de Louis XVI. Signée et datée : *Saint 1787*. Cadre doré.

105 — Nécessaire de toilette en argent. Époque Premier Empire.

106 — Treize sujets en ivoire sculpté, représentant le Christ et les douze Apôtres.

ARMES

107 — Paire de pistolets à canons ciselés et gravés, relevés d'or; crosses et sous-gardes ciselées, à trophées guerriers. XVIIIe siècle.

108 — Paire de pistolets d'arçons en bois sculpté et canons gravés; ornements en argent oriental.

109 — Fusil oriental à pierre, garnitures et incrustations en argent.

110 — Petit poignard à lame courbe, poignée en os ornée de turquoises; fourreau en velours rouge garni en argent. Travail oriental.

111 — Paire de pistolets d'arçons, canons rayés, batterie en fer ciselé.

112 — Fusil de chasse aux armes de Louis XV. Monture en argent.

113 — Poignard à lame courbe, poignée et fourreau plaqués d'argent repoussé. Travail oriental.

114 — Deux flissahs à lames gravées, poignées en os.

115 — Deux flissahs, fourreaux en argent.

116 — Deux fusils orientaux.

117 — Deux hallebardes en fer, hampes cloutées, retenues par des gantelets.

118 — Deux boucliers héraldiques.

119 à 122 — Seize pièces : sabres, couteaux, poignards, pistolets, flissah, zagaies, fusils européens et orientaux. (Sera divisé.)

123 à 128 — Vingt-quatre pièces : tromblons, fusil, épées, sabres, poignards, kriss, etc. (Sera divisé.)

129 — Panoplie d'armes, composée de : Une cuirasse, un casque, un plastron, deux gantelets et dix-sept pièces : hallebardes, espontons, masse d'armes, épées, poignards et mains-gauches.

MEUBLES

ANCIENS ET DE STYLE

130 — Important mobilier de Salon en bois sculpté et doré, composé de deux canapés et douze fauteuils couverts en ancienne tapisserie d'Aubusson, offrant aux dossiers, dans des encadrements à guirlandes de fleurs et draperies, des jeux d'enfants et des petits personnages ; les sièges représentent des scènes de chasse, des animaux et des volatiles. Contrefonds vert. Époque Louis XVI. (Pourra être divisé.)

131 — Belle commode, à deux tiroirs, en marqueterie de bois richement ornée de bronzes ciselés et dorés, posant sur quatre pieds contournés et ornée aux angles de cariatides de femmes, formant consoles détachées en bronze doré et marqueterie de bois; dessus en marbre rose veiné, style Régence. Travail de *Zwiener*. Modèle du Garde-Meubles.

132 — Très beau lit de repos en bois finement sculpté et doré, à décor d'oiseaux symboliques posés sur des consoles, de carquois et de torches enflammées au milieu de rinceaux ; frontons à cornes d'abondance, d'où s'échappent des guirlandes de fleurs reliées à une coquille fleurdelysée ; montants à mascarons, couronnés par un motif ornementé. Travail de *Jansen*.

133 — Beau meuble d'entre-deux en bois de placage, richement orné de bronzes ciselés et dorés, de style Louis XV, à dessus de marbre. La partie supérieure, de forme contournée, est ornée d'une moulure à oves et d'un médaillon central à tête de satyre; aux angles sont des dépouilles de lions; il ouvre à un vantail, décoré d'un sujet peint dans le genre vernis Martin, représentant un combat naval, encadré de bronze. Ébénisterie de *Merlin*, Bronzes de *Zwiener*.

134 — Grande et belle table, à quatre faces, en bois sculpté et doré; bandeau à ornements, coquilles et rinceaux, pieds à consoles reliés par une entrejambe feuillagée; dessus de marbre blanc veiné gris. Style Louis XIV. Travail de *Tardif*.

135 — Quatre fauteuils en bois sculpté et doré, de style Louis XIV, garnis en brocart à fleurs, sur fond gris et or. Travail de *Jansen*.

136 — Joli meuble d'entre-deux en hauteur, en marqueterie de bois; dessin à branches de fleurs, ouvrant à une porte légèrement cintrée; encadrements, chutes et bandeau en bronze ciselé et doré; dessus de marbre griotte. Style Louis XV. Travail de *Zwiener*.

137 — Très beau bureau, forme à cylindre, en palissandre et marqueterie de bois, orné de bronzes ciselés et dorés, de style Louis XV.

Le cylindre est décoré d'instruments astronomiques et orné d'un médaillon, à figure de Minerve; sur les côtés et la façade sont des statuettes de femmes assises sur des consoles et des massues enguirlandées. Dessus en marbre à galerie de cuivre.

138 — Table-bureau à quatre faces en marqueterie de palissandre, orné de bronzes ciselés et dorés, à mascarons et cariatides de femmes; poignées, entrées de serrures et moulures en bronze. Les deux tiroirs et deux faux tiroirs sont décorés de peintures à fleurs et sujets champêtres sur fond d'or. Style Régence. Travail de *Zwiener* et *Merlin*.

139 — Jolie petite table en bois sculpté et doré, bandeau à rinceaux feuillagés sculptés à jour; pieds en forme de consoles reliés par une entrejambe: dessus en marbre blanc veiné gris. Style Louis XIV. Travail de *Tardif*.

140 — Harpe en acajou sculpté, crosse feuillagée, parties décorées de peintures à sujets galants, bouquets et couronnes de fleurs.

141 — Jardinière carrée, à quatre faces, en bois doré et sculpté, de style Louis XV. Travail de *Jansen*.

142 — Paravent à trois feuilles, garnies en soie bro-

chée à fleurs, moulins et bosquets sur fond bleu. Riche monture en bois finement sculpté, parties à jour, garnies de glaces. Style Louis XV. Travail de *Jansen*.

143 — Console en bois sculpté peint blanc et or, bandeau à coquilles, pieds à têtes de satyres: dessus en marbre gris veiné. Style Louis XV.

144 — Petite console en bois sculpté et doré, de style Louis XV, à dessus de marbre.

145-146 — Deux jolies petites tables en bois de placage, à moulures et ornements en bronze doré; dessus de marbre jaspé. Style Louis XV. Travail de *Merlin*.

147 — Table de salon en bois sculpté et doré, posant sur quatre pieds-balustres enguirlandés de fleurs, entrejambe à figures de sphinx; bandeau à rinceaux et coquilles; dessus en marbre. Style Louis XIV.

148 — Jardinière en palissandre, ornée de bronzes ciselés et dorés, sur quatre pieds contournés. reliés par une entrejambe à console centrale. Style Louis XV.

149 — Berceau en bois sculpté et doré; panneaux peints à figures d'amours sur fond vert d'eau: bordure à rocaille et fleurs, orné sur le devant de deux statuettes d'amours séparés par un

ornement à coquille. Style Louis XV. L'intérieur est garni d'une petite table d'enfant en bois sculpté, laqué et doré.

150 — Belle décoration de salon, en chêne sculpté, rehaussée de dorures, ornée de glaces et d'encadrements dorés, de style Louis XV, composée de quatre grands panneaux, deux portes, quatre panneaux d'angle, un fronton et deux galeries. Travail de *Jansen*.

151 — Panneau formé d'une glace en deux parties, sur fond de bois peint en blanc.

152 — Canapé en bois sculpté et doré, à dossier et coussin mobile, en soie brochée à fleurs, festons et guirlandes sur fond crème. Style Louis XV.

153 — Canapé en bois sculpté peint blanc garni de canne, coussin en velours frappé jaune. Style Louis XV.

154 — Marquise en bois sculpté et doré, fronton à coquille, garnie de canne, coussin en soie brochée à fleurs sur fond crème. Style Louis XV.

155 — Bergère en bois sculpté peint vert, rehaussé d'or, dessin à guirlandes de fleurs, fronton à coquille et tête de chérubin ; garnie en soie brochée, à fleurs sur fond vert. Style Louis XV.

156 — Deux fauteuils en bois sculpté et doré, accotoirs à crosses feuillagées garnis en velours rouge ciselé. Style Louis XIV.

157 — Canapé d'angle en bois sculpté peint blanc, garni de canne, coussins en velours frappé jaune. Style Louis XV.

158 — Petite table ronde en bois sculpté et doré, décorée de peintures dans le goût oriental ; le dessus, de forme ronde, est formé par une plaque de marbre gravé et peint ; elle pose sur six pieds reliés à une tablette d'entrejambe en marbre.

159 — Secrétaire-bibliothèque en bois de placage, orné de bronzes. Époque Louis XVI.

160 — Bureau, à dos d'âne, en marqueterie de bois. Époque Louis XV.

161 — Table de tric-trac en acajou, dessin à damier. Louis XVI.

162 — Deux baromètres en bois sculpté et doré.

163 — Grande stalle en bois de noyer sculpté et ciré, montants à colonnes, fond à serviettes et colonnettes ; accotoirs à cariatides se détachant en ronde-bosse, style XVe siècle. Le haut, formant dais, est orné d'un bandeau en ancienne broderie sur fond de velours rouge.

164 — Table à jeu en bois sculpté peint vert, à rehauts d'or, bandeau à coquille ; dessus décoré de peintures, dessin à rinceaux et fleurs. Style Louis XV.

165 — Belle table, en noyer sculpté et ciré, posée sur quatre pieds à ornements et figures de grotesques reliés à une entrejambe à arceaux et colonnettes, style xve siècle. Elle supporte une vitrine à pans coupés, montée en fer.

166-167 — Deux bibliothèques en noyer sculpté et ciré, ouvrant à deux vantaux vitrés, montants à colonnettes, frise à écusson et rinceaux feuillagés. Style xve siècle.

168 — Table à jeu en bois de rose et palissandre : dessus en drap vert, à compartiments en bronze.

169 — Pendule avec socle d'applique en bois laqué brun, décoré de sujets galants et de trophées d'instruments de musique ; ornée de bronzes ciselés et dorés. Style Louis XV.

170 — Petite table en noyer sculpté et ciré, posant sur quatre pieds reliés à une colonnette centrale ; dessus en marbre vert de mer.

171 — Support-applique en bois sculpté, à colonnetttes et têtes diaboliques ; au centre, dans une niche, une figure de musicien. Style xve siècle.

172 — Quatre chaises en noyé ciré et sculpté, dessin à rosaces et ogives ; coussin en peluche rouge galonnée jaune.

173 — Tabouret carré, sur quatre pieds à consoles en bois sculpté et doré, recouvert en tapisserie au petit point. Style Louis XIV.

174 — Table rectangulaire à étagère en noyer sculpté et ciré ; pieds reliés par une entrejambe à galerie.

175 — Jardinière basse en noyer sculpté et découpé à jour sur fond d'or. Style xve siècle.

176 — Ameublement de chambre à coucher en noyer sculpté et ciré, de style Louis XV, composé de : un lit de milieu et sa litterie, une armoire à deux portes à glaces biseautées et une table de nuit.

177 — Petit bureau de dame en noyer sculpté, de style Louis XV.

178 — Belle toilette-lavabo en bois sculpté, de style chinois, orné d'applications de nacre et d'ivoire à fleurs ; dessus de marbre onyx, avec étagère et cuvette en argent, surmontée d'une glace biseautée ; cadre orné d'une chimère et d'une applique en bronze à une lumière électrique. Travail de *Viardot.*

179 — Très beau meuble-cabinet à étagères en bois sculpté à jour, garni de nombreux panneaux en laque, décorés en relief de figures, de fleurs et de volatiles et ornés d'applications de nacre et d'ivoire. Travail chinois.

180 — Armoire en bois sculpté, de style chinois, ouvrant à trois portes à glaces biseautées : le fronton, partie laquée, partie ajourée, est orné d'une chimère tenant un bouquet en bronze à deux lumières électriques.

181 — Meuble à étagère, tout en bois laqué, orné de panneaux en laque fond d'or, décorés d'applications représentant des oiseaux et des arbustes fleuris en nacre et ivoire. Travail japonais.

182 — Belle cheminée en bois sculpté, de style chinois, décor en relief de fleurs, de grecques et de chimères ; surmontée d'une glace biseautée à fronton sculpté, avec petite étagère de même style. Travail de *Viardot*.

183 — Coffre-fort d'Haffner, dans un meuble en bois noir, ouvrant à deux vantaux en laque, décorés d'oiseaux et de fleurs en or.

184 — Petite table en bois sculpté à jour ; ornements en bronze ciselé et doré, de style chinois. Travail de *Viardot*.

185 — Support en bois de fer, à galerie ajourée, sur quatre pieds à griffes ornés de bronze.

186 — Trois panneaux en laque, ornés d'applications de nacre et d'ivoire.

187 — Petite étagère d'applique en bois sculpté, de style chinois, ornée d'une chimère en bronze.

188 — Deux petits supports en bois des îles, sculptés.

189 — Divinité chinoise en bois sculpté et doré.

190 — Deux chaises en bois sculpté, de style chinois, à animaux chimériques ; garnies en satin et applications de broderie sur soie.

191 — Un fauteuil, une chaise, un tabouret en bois sculpté, de style chinois, garnis en satin rouge et applications en broderie.

192 — Vitrine en bois de rose, décorée dans la partie inférieure de sujets pastoraux, genre Vernis Martin ; ornements en bronze ciselé et doré, fond de glace, dessus en marbre. Style Louis XV. De la *Maison Kriéger*.

193 — Console en bois de rose, ornée de bronzes ciselés et dorés de style Louis XV, sur quatre pieds à entrejambe supportant une statuette de guitariste en bronze doré. De la *Maison Kriéger*.

194 — Petit meuble-support en forme de gaine en marqueterie de bois rose à fleurs et losanges, orné de bronzes ciselés et dorés, dessus de marbre. De la *Maison Kriéger*.

195 — Meuble de salon en bois sculpté et doré de style Louis XV, garni en lampas, dessin à fleurs; composé de : un canapé, deux fauteuils et deux chaises. De la *Maison Kriéger*.

196 — Chaise-longue en bois sculpté et doré, garnie en lampas, dessin à fleurs. Style Louis XV. De la *Maison Kriéger*.

197 — Écran en bois sculpté et doré de même style, feuilles partie en soie brodée partie en glace biseautée. De la *Maison Kriéger*.

198 — Trois chaises de fantaisie et un tabouret de piano à deux places en noyer sculpté, ornements à coquilles dorées, garnis en lampas.

199 — Table gigogne, dessus laqué, décor à fleurs et oiseaux.

200 — Canapé garni en velours ciselé, à bouquets de fleurs sur fond de satin crème avec rampe en peluche bleue.

TAPISSERIES, TAPIS

TENTURES

201 — Belle tapisserie d'Aubusson, XVIIIe siècle, à sujet champêtre : *la Danse*.

Dans un paysage, un villageois, adossé à un arbre, joue de la clarinette et fait danser un couple de paysans ; à droite, deux jeunes femmes et un enfant les regardent ; à gauche, une bergère, couchée dans l'herbe, s'intéresse à la danse pendant que ses vaches se reposent à l'ombre de grands arbres.

Haut., 2 m. 45 cent.; larg., 4 mètres environ.

202 — Belle tapisserie d'Aubusson, XVIIIe siècle : *la Balançoire*.

Sur la terrasse d'un château, décorée d'une galerie à balustre et de laquelle on aperçoit une pièce d'eau, deux couples de villageois se livrent au plaisir de la balançoire ; à gauche, une jeune fille semble leur donner des conseils ; une autre joue avec un petit chien. Fond de verdure.

Haut., 2 m. 35 cent.; larg., 3 m. 65 cent. environ.

203 — Tapisserie d'Aubusson, XVIIIe siècle : *le Colin-Maillard*.

Dans une clairière, une jeune fille soulève le bandeau recouvrant les yeux d'un jeune homme qui cherche à la saisir. Bordure à ornements.

Haut., 2 m. 60 cent.; larg., 1 m. 55 cent.

204 — Panneau en tapisserie d'Aubusson, représentant, au milieu d'un paysage, un jeune homme, accoudé sur la margelle d'une fontaine, écoutant les propos d'une jeune fille qui vient puiser de l'eau; à droite, une bergère conduit son troupeau. XVIIIe siècle.

Haut., 2 m. 40 cent.; larg., 1 m. 85 cent. environ.

205 — Panneau en tapisserie d'Aubusson. représentant un berger assis au pied d'un arbre, faisant danser son chien au son de la cornemuse; plus loin, une bergère garde les moutons. XVIIIe siècle.

Haut., 2 m. 35; larg., 1 m. 35 cent. environ.

206 — Belle tapisserie, représentant, dans un parc. deux femmes allégoriques à la jeunesse et à la vieillesse, et une figure d'enfant portant une corbeille de fruits; à gauche, un château: à droite, une fontaine avec jet d'eau formée par un Dauphin; dans le fond, une église au milieu d'un village. XVIIIe siècle.

Haut., 2 m. 20 cent.; larg., 4 m. 25 cent. environ.

207 — Panneau en tapisserie, offrant, dans un paysage, un groupe de chasseur et de chasseresse auprès d'un monument; à gauche, une fontaine avec chutes d'eau. XVIIIe siècle.

Haut., 2 m. 25 cent.; larg., 2 m. 15 cent environ.

208 — Panneau en tapisserie, représentant la terrasse d'un château; à gauche, une femme en-

tourée de nuages implore Diane qui passe dans les airs, assise sur son char attelé de deux chiens. XVIIIe siècle.

Haut., 2 m. 15 cent.; larg., 2 mètres environ.

209 — Panneau en tapisserie, à paysage et figure d'homme courant. XVIIIe siècle

Haut , 2 m. 20 cent.; larg., 1 m. 55 cent. environ.

210 — Panneau en tapisserie, offrant dans un paysage une fontaine à laquelle un chasseur va se désaltérer. XVIIIe siècle.

Haut., 2 m. 15 cent.; larg., 1 m 20 cent. environ.

211 — Panneau en ancienne tapisserie, représentant deux femmes auprès d'un arbre dans un paysage.

Haut., 2 m. 15 cent.; larg., 1 m. 15 cent. environ.

212 — Panneau en ancienne tapisserie dite verdure à figures d'oiseaux dans un parc ; au fond, vue de châteaux.

Haut., 2 m. 10 cent;; larg., 1 m. 60 cent. environ.

213 — Tapisserie flamande du XVIIIe siècle, représentant un empereur romain présidant au supplice des prisonniers de guerre. Composition de nombreux personnages. Bordure à trophées. médaillons et feuillages.

214 — Tapisserie ancienne, dite verdure, à figures de volatiles dans un paysage. Bordure à guirlandes de fleurs et de fruits.

215 — Bandeau en ancienne tapisserie, représentant les attributs de la royauté et des guirlandes de fleurs.

216 — Panneau en ancienne tapisserie, représentant, dans un paysage, une femme entourée de soldats. Bordure à ornements.

217 — Tapisserie du XVIIIe siècle : Orphée et Eurydice. Bordure à guirlandes de fleurs et ornements.

218 — Tapisserie ancienne représentant une épisode des batailles d'Alexandre. Bordure sur trois côtés à trophées guerriers.

219 — Grand panneau en satin de Chine, brodé de fleurs et d'oiseaux sur fond crème.

220 — Magnifique tapis de la Savonnerie, fond gris, offrant au centre un médaillon fleuri dans un encadrement relié à des guirlandes de fleurs, écussons fleurdelysés; aux angles sont de grands rinceaux feuillagés et des cornes d'abondance sur fond brun. Encadrement à baguettes.

221 — Paire de portières en peluche rouge et verte, galonnée jaune avec cordelière en cuivre ajouré se rattachant à une tête chimérique.

222 — Deux portières en peluche vert mousse, galonnée jaune.

223 — Tapis ancien d'Aubusson, dessins à guirlandes de fleurs.

224 — Grande carpette d'Orient, à dessin polychrome.

225-226 — Six coussins divers en velours et broderie.

227 — Objets omis au présent catalogue.

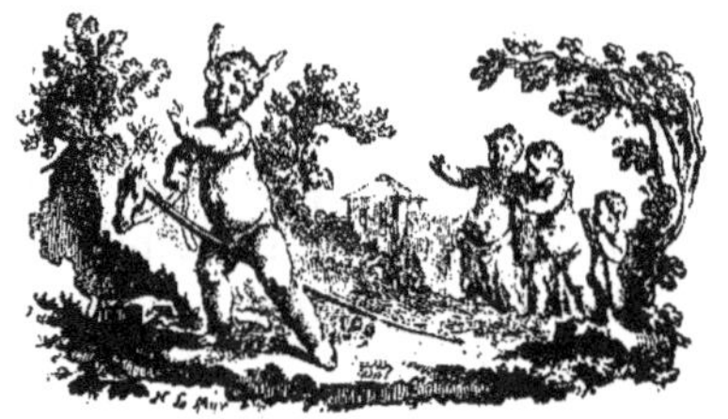

www.ingramcontent.com/pod-product-compliance
Lightning Source LLC
LaVergne TN
LVHW020253230826
846091LV00006B/2397

* 9 7 8 2 3 2 9 5 0 0 0 1 0 *